ELF

ELF

ELF

ELF

ELF

ELF

ELF

ELF

ELF

ELF

ELF

ELF

ELF

ELF

ELF

ELF

ELF

ELF

ELF

ELF

ELF

ELF

ELF

ELF

ELF

ELF

ELF

ELF

ELF

ELF

ELF

ELF

ELF

ELF

ELF

ELF

ELF

ELF

ELF

ELF

ELF

ELF

ELF

ELF

ELF

ELF

ELF

ELF

ELF

ELF

ELF

ELF

ELF

ELF

ELF

ELF

ELF

ELF

ELF

ELF

ELF

ELF

ELF

ELF

ELF

ELF

ELF

ELF

ELF

ELF

ELF

ELF

ELF

ELF

ELF

ELF

ELF

ELF

ELF

ELF

ELF

ELF

ELF

ELF

ELF

ELF

ELF

ELF

ELF

ELF

ELF

ELF

ELF

ELF

ELF

ELF

ELF

ELF

ELF

ELF

ELF

ELF

ELF

ELF

ELF

ELF

ELF

ELF

ELF

ELF

ELF

ELF

ELF

ELF

ELF

www.ingramcontent.com/pod-product-compliance
Lightning Source LLC
LaVergne TN
LVHW060327080526
838202LV00053B/4434